JN438571

# 바람꽃

오름시인선 · 24

바람꽃

펴낸날 _ 2014년 9월 30일
지은이 _ 한문석
펴낸곳 _ 기획출판 오름
등록번호 _ 동구 제 364-1999-000006호
등록일자 _ 1999년 2월 25일
주소 _ 대전광역시 동구 대전로 815번길 125 2층 (삼성동)
전화 _ 042.637.1486
팩스 _ 042.637.1288
E-mail _ orumplus@hanmail.net

ISBN _ 978-89-90151-62-9

값 10,000원


· 이 책은 대전문화재단 과 한국문화예술위원회 에서 사업비 일부를 지원 받았습니다.

오름시인선 · 24

# 바람꽃

한문석

# 시인의 말

9번째 창작시집을 내놓는다.

1부에 신작시 20편을 수록했고 2부에는 8권의 시집 중에서 81편을 선정해 30여 편을 수정, 재 탈고했음을 밝혀둔다.

시는 현실이다. 현대를 살아가는 독자들에게 시대적 감각을 느끼게 함은 물론 감동과 쾌락을 주어야 한다. 따라서 시는 현실에 적응하면서 변해야 하고 그 변화하는 과정에 따른 가치관이 재정립 되어야 할 것이다. 그러나 내 시는 여전히 나만의 서정시다. 변화에 그리 민감하지 못하다. 융통성이 없고 고집스러운 성격 탓이리라. 부끄럽다.

다만 이번 작품집을 통해 자신에게 더 솔직하고 겸손함으로서 나름대로 참신하고 품위 있는 시어로 미적 감각을 표현하고자 노력했다. 앞으로 시적 사상과 깊이를 더하고 넓혀 가는데 많은 도움이 되었으면 하는 마음이다.

이 작품집이 나오기까지 도와주시고 격려해 주신 모든 분들께 감사드린다. 특히 대전문화재단과 오름출판사, 소중한 작품을 아낌없이 보내주신 서예가, 화가, 사진작가 세 분 선생님 그리고 사랑하는 내 식구들도…

2014년 9월

장대서실에서 **한문석**

# 차례

## 2부

# 1부

# 봄은 간다

연둣빛 가지에 물감이 번져 흐를 때면
어김없이 내가 반짝인다
가져가라
봄은 여자의 몸에서 먼저 시작된다
몸을 비틀어
울다가 불거져 톡 터진 꽃망울을 보라
영락없는 그대 진홍 립스틱이다
반갑다 마중 나온 햇살들
입 맞추며 한낮을 유혹하고
수줍은 웃음에도 찰랑거리는 물결처럼
은빛 푸른빛 가득 풀어놓는다
그대 다 가져가라
봄이 떠나고 홀로 서면
이제 나는 없나니
그리움과 쓰라린 아픔이 더는 없나니

# 낙엽

이파리 하나 빙그르 내려앉는다
한 가지에 피었다가 가는 길이 다른
외로운 피붙이다
잎들 다 떼어내면
가지에는 빈 하늘만 걸려있을 것이다
마음 얼마나 아리고 허전할까
보라 계절의 마지막 문턱에 서서
바람 그 추운 날개가 된다
바스락 바스락 뼈 부서지는 소리는
불태워 흙으로 돌아가고 싶은
생명의 또 다른 울먹임이다
낙엽은 나무들의 사리다

# 낙엽 속으로

나뭇가지 흔드는 어깻짓으로 지친
어두운 날개
깊은 뿌리로 내려앉고 싶었을 때
누가 달려 나와 손 잡아준다면
참 좋으련만
계절의 변화에 잘 순응하기 위해
차가운 물로 씻고 닦아낸 몸
투명해진 저 피부를 보라
어떤 착한 말로 읽어야 할지
너무 이르거나 미처 준비가 안 돼
스쳐가고 만 숨결
그때는 서툴지만 뜨거웠던 노래
꽃인 듯 눈물인 듯
환한 햇빛 속을 흩날린다
내 몸 휘모리 부분을 지나간다
가난 때문에 홀로 가슴 아려야 했던
노을빛 풀어놓고

# 첫눈이 내리다

언덕 아래 외딴집 낡은 굴뚝
지치도록 피낼 생의 입김들이
푸른 연기로 솟아오르고
난데없이 날아드는 새 울음 떼
처음 눈 마주한 벤치위에 낭자하다
은밀하게 속삭이며 누워있던
정갈한 몸 알이며
머릿결 사정없이 쪼아댄다
때 아닌 눈이 내리고
내 사랑은 뒤늦은 감각이었나 보다
바람이 가지 끝에 날개를 접는다
지난 날 추운 이야기
천천히 가슴으로 녹여낸 것들이
함박눈에 실려
누군가의 기억 속으로 젖어든다

# 겨울 자작나무 · 2

빛과 세상 푸름 다 버렸다

부푼 욕망
스스로 꺾어 제 안에 묻어놓고
뼈만 솟은 저 여린 몸

눈 비탈에 촘촘히 박혀있다

칼바람 들고 난 자리
때로는 초록을 입에 넣으며
잎으로 푸르러지고 싶은 생각이지만

언 땅에 비껴 깔리는 햇살만큼이나
드러난 목덜미가 애틋하다

쭉쭉 뻗어 올린 가녀린 팔 사이로
낮달 하나 덩그러니 걸려있다

# 냇가에 앉아

봄나물 캐는 처녀애
맨살의 종아리에 감겼다가
밭둑을 휘돌아나는 시냇물 소리
반짝이는 햇살을 만나
둥근 물방울이 튀어 오른다
굴러 내리는 빛 그늘에 누워
살포시 잠들고 싶다
온전히 떨치지 못한 겨울 이야기
발가락을 적시고
물살 가르는 물고기 떼
둥지느러미의 눈빛이 소란하다
오래오래 깊게 흘러서
결코 멈추지 못하는 긴 파장
갓 피운 연두색 물감 풀어놓고
물가로 얼굴을 내민 산수유
노란 신열 톡톡 토해낸다

# 봄비

복사꽃 날리고
향기에 어둠의 빛 알갱이가 톡톡
꽃눈처럼 터져 나와
뼈들의 모든 감각이 사랑을 나눈다
얼마나 많은 기지개를 켰을까
마주 앉아 마음 비우고
남들이 알아들을 수 없는 이야기를
함께 꿈꾸며
얼굴을 서로의 가슴에 묻는다
사랑의 뿌리가 환하게 웃고 있다
봄비야 더 내리 거라
그대 구석구석 속속들이 파고 돌아
마른 데를 적시어 새살 피우고
온갖 떨림으로 그 존재가 떨리는
눈빛 속에 꽃 피어나는
저 하늘 우주의 울림을 보고 싶다

# 봄바람

잎사귀 뒤에 숨어 귀 기울이는 꽃잎
층층이 초롱초롱한 별처럼 박힌
꽃잎들을 피워 내려고
밤새워 그리도 숨차게 달려왔나 보다
속옷보다 순결한 피부의 색깔이며
소중한 것들 다 눈물로 날려 보내고
베란다 높이 파고든 이 허름한 풍경
알 것이다 먼 곳에서 바람소리 들려와
창안에 벗어놓은 옷가지가 흔들리면
꽃잎 따라 붉게 핀 그 몸길 따라
보고 싶은 내 마음 찾아와 있었음을
푸른 잎 사이에서 소리 없이 익어가는
봄날 앵두처럼
너는 한 떨기 부푼 바람이었나 보다
아침햇살이 새로운 욕망을 일깨워
빛 그림자 문득 환해진다

# 덩굴장미에게

한 자세로 꼿꼿이 세울 수 없음이
기어오른 꼭대기
가지 곳곳마다 꽃망울 터트려
세상에 대한 분노를 홍건하게 쏟아낸다
가슴 삐걱거리는 소리
순간 무너져 내리는 벼랑이었으면 싶다
벼랑 아래로 날려
물살에 휘도는 영혼이었으면 좋겠다
사랑하다 상처받는 사람을 생각한다
제 깊이 상처의 그늘을 꿰매고
타오르는 빛 그 환한 얼굴로 웃지만
불길이 태우는 것은
세상이 아니라 자신의 몸이다
보라 착한 마음속 서로를 부둥켜안고
피워낸 숨결
비록 찢기고 찢어지는 아픔일지라도
푸르고 큰 덩굴로 뻗어 올라
높다란 저 하늘 바라볼 수 있음을 안다

# 지심도 기행

울창하게 들어선 아름드리 동백나무
꽃그늘이 동굴로 이어지고
애원하는 자의 눈빛이 머물면서
섬은 원시림이 된다
바람이 성큼 다가와 날개를 접는다
숲가지 사이로 언뜻 내비치는 하늘
지금처럼 아무것도 가지지 않았을 때
슬픔이 묻은 손
내 어머니의 손은 붉게 흘러
저 하늘 어디쯤 어루만지고 계셨을까
푸른 잎에 가려 몸을 떠는 꽃잎들
쉴 새 없이 날아드는 동박새를 보라
맨발을 올려놓은 채
찌이찌이 핏빛 그리움을 쪼아낸다
송아리 째 타오르는 빛깔은
등불 하나가 어두운 밤을 지켜내던 날
가난한 목숨이 그 슬픔을 부둥켜안고
울다가 툭 터진 육신의 아픔이다
바다가 통째로 움직이면서
가파른 절벽아래 파도를 만들어내고

돌계단을 딛고 올라선 언덕 위에는
햇살들 둥글게 앉아 여독을 풀고 있다

# 고랭지 배추밭에서

산비탈 쪼가리 밭에 앉아
통통 살이 오른 몸
숲속 정령들이 달려 나와 깔깔대며
아삭아삭 깨문다
이상도 해라 아프지가 않다
계절 내내 달구어낸 피
피의 뜨거운 숨결 때문일까
잎사귀가 더 푸르고 기운 성성하다
아침 이슬에 잘 버물어진 맛과 향
가을 물소리 젖어 안으로 깊다
밭 사이를 끼고 도는 길은 구불구불
결코 서두름이 없다
고추잠자리 떼 둥글게 원을 그리며
빠릿빠릿 날아다니고
보랏빛 쑥부쟁이 갸웃 고개 내밀어
맞이하는 눈빛이 햇살처럼 부시다
가난하지만 모두가 슬픔을 모른다
언덕배기 억새들
저마다 그리움 한 아름씩 풀어놓고
건들건들 춤을 춘다

# 들꽃 날개를 달다

달빛 속을 거닐다가 그 달빛에 취해
한바탕 울음 꽃을 피운 적이 있다
거추장스런 옷은 벗어던진 지 오래다
바람이 불면 바람 되어 살고
비가 쏟아지면 그대로 비옷이 된다
어쩌다 지나는 사람이라도 마주하면
살짝 눈웃음을 보내지만
탓하거나 애써 뉘우칠 짓은 않는다
자신을 드러내는데 보다 솔직하다
마음 허전할 때는 제 홀로 깊이 운다
울다가 못 견디게 서러운 가슴
굳게 닫힌 문을 사정없이 두드린다
고장난 슬픔도 꿈결처럼 흘러갔다
오늘은 둥근 달이 떠오르는 밤이다
산마루 마중 나가는 길목에는
맨 처음 날개옷 그대로 붉다
황홀과 아픔이 서로 두 손을 잡은 채

# 망초

사람들 눈길 한번 제대로 주지 않는다
참다못해 혀를 깨문 꽃잎 하나가
먼저 말문을 연다
철길이나 버려진 밭 언저리
비록 척박한 땅에 무리지어 살지만
천한 꽃이 아니다
내 몸을 흐르는 핏줄
아프지만 고통을 모르는 그런 슬픔의 몸은
안으로 내밀해져
어디서나 깨끗하고 향내 은은하다
행여나 햇살이 들지 않는 날에는
냇가에 나가 목욕을 한다
돌돌 물소리 넘어 솔바람을 앞서간다
내 이름을 가지고 뭐라 탓할 게 아니다
온갖 어려움을 견뎌내고
천둥과 번개 속에서 비로소 꽃 피운
순결한 목숨이다
생각이 변하고 가끔 망가지고 싶은 것은
때를 잘못 태어나 얻은 상처 때문이다

# 꽃싸움해요

우리 만남은 애초부터 슬픔이었어요
그대여 내게 못다 남긴 말은
더 이상은 포장되지 않는
내밀한 어떤 약속 때문이었지요
내가 가슴을 열어젖히면
비바람 몰아치고 눈보라가 울다간 자리
그대 얼굴이 아프게 날아들어요
샹들리에 불빛이 아니면 어때요
노란 개나리 빛 풋풋한 봄날
영산홍 살점이 묻어나는 꽃그늘 아래
그대 안고 붉게 핀 밤을 건너면
새벽별처럼 찬란하게 웃고
나는 연거푸 파란 문신을 그려 넣으며
꽃싸움할 수 있겠지요
우리 못다 챙긴 언어의 조각들
녹아 타버린 눈물자국
온전히 마음 담아낼 수 있겠지요
하늘 우러러 그 하늘 품에 새기고

# 바람꽃

멀리 방파제 너머로 그날의
파도가 밀려오고 있다
숨차다 그늘진 숲에 머물면서
꽃을 피운 그대
밀려난 것은 파도만이 아니다
슬픔이 내게서 떨어지지 않는다
아무도 눈여겨보지 않는 발자국
차마 그대로 남겨둘 수 없어
허공을 쓸어내리는 바람
바람꽃의 저 지난한 몸짓을 보라
상처는 자국이 클수록 환하다
걸어온 길 돌아보지 마라
숨기거나 소리 내 울지도 마라
그대 떠나고 나면
아플 것 다 아파본 사람들
고통을 씻어 햇볕에 널어두고
다만 귀 기울여 얻으려는 것이니
깊어가는 계절의 맛과 빛깔
새롭게 담아내는 것이려니

# 등나무

어둠을 스쳐오는 파도소리에서
그대 속삭임을 듣는다
저 바다 물결에 밀리어 있고
저 꽃잎 앞에서 날마다 흔들리고
이 푸르른 나무에 물들어 있다
작은 꿈과 생각을 키우기 위해
모두가 뜨거운 여름
그 여름을 향하여 흐르고
그 파도소리 빛으로 달아오르고
햇살 익어 둥글게 반짝이는
그대 속 깊은 나무가 된다

## 억새 · 1

잊혀진 상처의 자리는 환하다
환하지만 아프다
계절의 맨 끝자락에 올라
혼신을 다해 흔드는 저 몸들을 보라
꺾일 듯 꺾이지 않는
네 순결함이다
슬픔으로 젖은 얼굴은
눈물이 바람이 되길 원한다
여린 바람결에도 너는 흐느낀다
어깨를 떨며 속울음을 운다
어쩌다 빗긴 햇살이라도 마주하면
순간 은빛너울이 붉은 물결로 출렁인다
주변의 변화에도 민감하다
하늘이 유난히 맑고 깨끗한 날이면
창이란 창은 다 열어놓고
속 푸른 시냇물 소리를 쏟아낸다
그때마다 물소리가 내 몸을 씻어준다
서편제 한 자락이 따라 흐르고

# 꽃뱀

우물가 찔레꽃 둑을 걷다가
푸른 발 가시에게 찔렸다
미묘한 선율이 심장을 겨누며
핏줄과 뒤엉킬 듯 꿈틀댄다
순간 흔들림이 급물살을 타고
소란한 치맛자락을 들쑤신다
착하고 가난한 죄 크다
슬픔이 어찌 한두 번이겠느냐
때로는 혀를 깨문다
한 꺼풀 속껍질마저 벗고
눈물 펑펑 쏟아내는 그 새벽의
지독한 꽃 멀미를 앓는다
피부가 매끄럽고 현란한 것은
타고난 속성 때문이다
지금도 달빛이 내비치는 밤이면
어김없이 그곳에 간다
전생에 그는 어떤 여자였을까
우물 속 나는 여전히 맨발이다

# 첫새벽에

새벽에 바친다 내 정갈한 몸을
마음 고요히 술렁이다 이내
가파른 골목
바람을 안고 달리면
창마다 하나씩 등불이 꺼지고
어둠 젖히며 빛나려 애쓰는
달빛 부서진 조각들
푸른 선율이 파도친다
둥글게 마주한 눈빛 때문일까
온 세상이 함께 숨차다
아아 첫새벽
밤새 씻기어 비로소 눈뜬 슬픔
슬픔에 바친다
가난하지만 생생히 피 솟는
방금 입술 연 네 환한 숨결을

# 들판에서

누구에게 무릎을 꿇어야 하나
살기 위해
순간 영혼을 팔려는 생각이
크게 잘못된 짓인지
나는 도무지 알 수가 없다
조금만 더 높게
한 발짝만 더 나가면
마음 둥글게 저 하늘 볼 수 있는데
타고난 욕심 때문일까
한치 앞을 바라보지 못하고
늘 패배의 아픔만을 새겨야 한다
문득 허공을 내리는 붉은 햇살
내 아버지의 얼굴이 또렷하다
가난한 농부 아들로 생을 마치셨다

금빛 들판 한가운데 서있는
허수아비한테 무릎을 꿇는다

# 2부

# 방생

내 것이 아니다
한시 바삐 놓아주는 것이 마음 편하다
보라 어둠을 깨뜨리고
새벽처럼 치솟아 오르는 저 등줄기 푸른 그리움 한 마리
짜릿하다
온몸이 홀가분하다

- 시집『사랑을 나누는 순간은 누구나 행복하다』서시

# 바람개비

처음 마주하던 산등성이에 올라
너는 한껏 푸르다
달빛 긴 치맛자락을 휘어 감고
오랫동안 멈추지 못하는 너울거림
멀미의 진원지가 궁금하다
너를 돌리기 위해 세상거리를 내달리던 우리
어둠으로 던지는 혹독한 꿈을 펴보지도 않고
단순한 고통을 아픔이라 말할 수는 없다
때 아닌 폭설이 내리고
쌓인 눈 위로 꿈틀거리는 새벽
빗장 열고 삐걱거리는 뼈마디들의 외침은
네발로 기며 쏟아낸 불덩이
그때 벌어진 상처를 열고 숨어든
눈먼 짐승의 울음이다
큰소리로 우는 것은 진정한 울음이 아니다
보라 큰 가슴으로 부르짖을 때
질긴 밧줄이 목을 감아 핏발서는 돌개바람을
난해한 혀가 칼날을 세우고
신앙의 순교처럼 목이 잘려나간 인간들
쓰러진 채 머리칼을 풀풀 날리고 있다

그냥 지나치지 못하고 한참을 서있지만
몸져 누운 세상의 저 많은 뼈들
이미 어둠 속으로 던져진 저들의 몸을
무슨 힘으로 일으켜 세울 것이냐
집이 없어 쉬지도 못하는 저들의 마음
무슨 수로 다독이고 안아줄 것이냐
채 못다 핀 꽃망울이 펑펑 터지고
주사자국이 닥지닥지 꽂혀있는 저 하늘
젖먹이를 등에 맨 젊은 아낙네의
허리가 꽃처럼 붉다

# 사우나

봄날인데 내 얼굴빛이 시들시들하다
부질없는 욕심 탓에 생긴 굴욕일 게다
갈비뼈가 더 앙상하게 드러나고
가슴이 우둔거리며 답답하다
네 발로 바닥을 기고 싶은 충동
아랫도리가 찢어진 북처럼 덜렁거린다
태어날 때 잠시 빌려온 몸통인데
씻고 닦아낼수록 치밀어 솟는 이 치욕
창밖 하늘을 본다
지난밤 꿈에서 우연히 만난 여자
벗어던진 팬티 속에 다소곳이 앉아있다
애써 분하고 억울한 일이 아니었기를
이제는 슬퍼 눈물짓는 일이 없기를
눈웃음치며 창문을 두드린다
서둘러 안으로 잠긴 빗장을 풀어보지만
내 몸은 이미 고장난 달빛이다
자꾸만 삐걱거린다

# 솟대

날개를 펴고 푸드덕 날고 싶은 소망
장대 끝에서 물소리를 내고 바람소리가 된다
막 백일 지난 갓난애에게 젖을 물리다 말고
사립문을 뛰쳐나온 갓 스물 새댁
다시는 아프지 않으리라 다짐했던 기억의
가슴 한쪽이 또 우지끈 무너진다
찢기고 부러진 무수한 삭정이들의 잔해를 위해
마을을 한 바퀴 빙 돈다
눈 들어 멀리 산을 넘고 들을 달린다
그날의 모갑(某甲)이 패들이 이곳을 지나고
달빛이 울음을 쏟아낼 때면
더욱 낮아지던 날개의 겸손한 자세
삶의 질곡에 따라 밝아지고 어두워지는
수만 개의 빛을 뿌린다
새로운 세계로 나가고 싶은 간절함이 피워낸
수만 개의 소리를 듣는다
소리와 빛은 언제나 마음 안에 있는 것이려니
굳게 다문 입술이 필사적이다

# 파도

애초부터 허무의 바닥을 치고 솟구친 날개
수억 년 부서지고 부서졌다
바위에 부딪쳐 부서지고
때로는 폭풍우에 휩쓸려 날아갔다
잔물결로 밀려 떠돌다가
모래틈새 부서진 남은 뼈들은
우리들 가슴에 묻었다
더는 슬퍼하지 마라
우리들 가슴에서 부서진 날개는
또다시 누군가의 가슴으로 날아가고
하늘은 이미 날아오른 날개의
부드러운 깃털로 가득하다
저런 빛 때문이 아닐까
포구마다 불 밝히고
우리들 살아가는 마음 지킬 수 있었음은
세상 어둠 태우는 불길로부터
연연히 타오르는 뜨거운 열망
거대한 소금기둥 하나를 만들고 있다

# 서시

저편 어딘가에 깊숙이 묻어놓은
편지를 꺼내 뒤적거리는 동안

어린 시절 종소리가 들리고

파란 풀잎이 한 장씩 넘겨질 때마다
새떼들이 그곳을 지나간다

내가 소리 높여 울 수 있는 것도
심장에서 파낸 그 풀잎의 책
불립문자를 해독하고 부터이다

평생을 보고 들어도 다 읽지 못할
빽빽하게 늘어선 삶의 낙수(落穗)들

- 시집 『강은 누워 흐른다』 서시

# 강은 누워 흐른다 · 2

강가에 나서면 달이 뜬다
길게 누워있는 산허리
바람이 다가와 함께 뒹굴고 있다

달은 부풀어 어느새 만월로 가고

멀리서 물레 잣는 아낙네
옷가슴 푸는 소리 가득하다

유난히 모가지 긴 갈대가 몸살을 앓고

아침이면 강가에 나서리라
하늘색 닮은 넥타이를 매고 바라보는
그리운 저 강물

# 지심도 동백

무릇 새 생명으로 태어나는 순간은
누구나 다 몸을 떨지요
매서운 겨울바다 바람을 안고
바라보는 눈의 깊이와
받아들이는 마음의 넓이가 서로 다른데
제 빛깔 스스로 고운 줄 모르고
생각 뛰어난 줄 모르는 것은 당연하지요
세상 인심이 어찌나 구차하고 어지러운지
생각과 빛깔 모두를 가슴속에 묻었는데
어느 날 문득 득음의 경지에 이르러
뿌리 뒤틀리며 힘차게 뿜어내는 숨결
안간힘 다하여 견디어 낸 세월을
어쩌자고 슬픈 모가지만을 내밀어
다만 피었음으로 올올이 붉어야 하는지
검푸른 잎들이 푸드득 울음 터트리니
인간들 비정한 웃음도 여기 와 숨어요

## 좋은

… 채색인데
달빛을 받고 섰는
한 이쁜이의 머리칼처럼 호득이는 손짓

손짓에서 시작하는
가슴이 익어 오르는 소리

즈믄해를 살아
혹은 노여운 음성을 듣기도 한다

마침 환히 비치는 살 힘줄로
건반을 다독거릴 때
아아 비로소 울먹이는
뜨거운 유산

타는 하늘 속에
한웅큼 재로 머물라

꽃잎이며
달무리가 고운 어느 소학교 운동장을 기억하는가

거기서 해 질 때까지
한 꺼풀 고독을 벗긴다

지금은 마음이 문을 여는 시각
씨앗을 고르는 사람보다 얼마나 순한데
밀 향기 듯
속눈썹 젖히고 드러나는 종의 나의 종의 검은 속살은
이른 아침 안개를 사르는 해의 가슴처럼 더워서
- 좋다

# 자목련 꽃피우고 새잎 달고

화사한 계절을 피워 올린 단발머리 여고생의
해맑은 웃음
비바람 잘 이겨내고

잠시 머물다 간 자리에 달빛이 푸르게 젖어
팽팽하게 긴장된 꽃의 떨림

부풀어 툭 터진
꽃망울 위로 뚝뚝 떨어지는 붉은 햇살은

제 살을 찢고 나온 빗장뼈
서럽고 때로는 힘겨워
마음 고요히 받아들이지 못하고 허공을 맴돌던
눈물방울이다

서른 해가 지났다

부지런히 움직일 때마다 세월은 자랐고
자란 세월만큼 소문도 무성했다

해마다 꽃피우고 새잎 다는 일

참고 견뎌온 삶이 얼마나 소중한 것인지
몸소 말해주고 있다

낮은 데를 향해 아래 아래로
잔뿌리가 굵어지면서
줄기차게 밀어올리고 싶은
착하디착한 저 순결한 목숨들

생애 가장 뜨거운 어머니란 이름을 새긴다

# 고목나무 아래 누워

돌멩이 하나가 굴러든다
구르면서 더욱 단단해지고
그것은 작을수록 견고하다
심장 어디쯤 묻혀 살면서
핏줄 따라 굴러다닐 것이다
뼈와 부딪치면서 서로 깨지고
내 몸은 이내 조각들로 분해될 것이다
아픔이 없는 파문의 고요를 배우기까지는
굴러다니며 때로는 부딪쳐야 한다
돌멩이는 깨보아야 그 단단함을 알 수 있다
깨진 무수한 조각들이 몸 안에
그대로 박혀있다
두려울 게 없다 쓰러지는 것들이
서있는 것들을 떠받치는 세상이다
썩은 내 밑둥치에도 새싹이 움틀 모양이다

# 봄날 화단에서 · 1

그 해에 봄비가 내리고 반 아이들과 화단을 가꾸면서 풀 아닌 꽃을 뽑아내는 한 아이를 보고 꾸지람을 준 적이 있다 무엇이 풀이고 무엇이 꽃이며 또 어떻게 구별되느냐고 재잘거리며 까르르 웃던 단발머리 여고생의 해맑은 얼굴이 떠오른다

스무 해가 지났다 이 봄날 화단을 거닐면서 그는 무엇을 읽고 있을까 좋게 봐 곱고 아름답게 가꾸면 꽃 아닌 게 없고 나쁘게 봐 마음에서 뽑아버리려 하면 풀 아닌 게 없는데……

# 바닥을 치고

새벽 어시장
그물에서 막 풀려난 생선들이 바닥을 친다
파닥파닥
생애에 가장 강한 힘은
바닥을 칠 때 생긴다
바다는 바닥을 치고 그 문을 열었다
골목집
낡은 쪽문이 열렸다
바닥을 치고
바다보다 깊고 어두운 바닥을 치고

# 어느 골목을 지나며

투명한 유리 진열장
머리칼 헝클어진 삶을 뒤로 하고
돌아오지 못하는 새벽을 달려가고 있다
세월의 덫에 찢긴 날개
순결했던 어제는 처음부터 없었을지 모른다
자신을 결코 버릴 수는 없다
오직 하나의 밤을 부둥켜안고
여자의 몸 여기저기엔
슬픈 빙하가 녹아내린 흔적이 있다
어둡고 추운 시대
감당할 수없는 숨결 때문일까
옷고름 여민 틈새를 비집고
한줌 바람이 술렁인다
참으로 견디기 힘든 치욕의 멍으로부터
건들기만 해도 봉긋해질 젖가슴
여기서 바랄 것이
더 탓할 것이 무엇이랴
불빛이 아랫도리를 벗고
화살을 마구 쏘아댄다
비틀거리는 사내가 골목을 벗어나고 있다

# 누에

저것 봐라 희미한 어둠을 움직이고 있는
작은 목숨들의 놀라운 힘
가슴이 숨차 커졌다 줄어든다
누가 내 안에 푸른 신전을 짓고
비단침대 위에 새살림을 차렸느냐
살랑살랑 머리를 흔들며 걸어 나가는 발
젖은 발의 그 뜨거운 울림을 보았느냐
새벽이 눈뜰 때까지 떠도는 바람
타다 남은 내 늑골 사이에 핀
송이송이 흩날리는 바람꽃을 보았느냐
온몸에 매달려있는 애착과 욕망의
부푼 때 한 꺼풀을 벗는다
가장 낮은 곳에 순하게 스며들어
강한 뿌리의 힘으로 살아가는 것이려니
내 숨결 온전히 받아줄 수 있는
저것들 착한 몸으로 돌아가는 것이려니
사각사각 베어 먹은 잎들의 초록 비명
눈먼 내 귀가 소란스럽다

# 상수리나무 아래서

단단한 껍질 속 숨어들어
한 시절 살림을 차리고 싶다
그의 소리 없는 울음을 달래고 싶다
눈보라 추운 바람 휘몰아
제 몸 후려치는 겨울
이 겨울이 지나면
새벽나팔처럼 울려 퍼질
새 생명의 힘찬 박동소리
그의 물오른 수컷이 되고 싶다
뿌리에서 자란 숨결
연초록 잎들의 서러운 비명을 듣고 싶다
몸을 뒤틀며 죽어간
그리운 내 삭정이들
눈물 왈칵 쏟아내고 싶다

# 눈 오는 날은 네게로

눈 오는 날은 네게로 가고 싶다
은밀한 속삭임이 붐비는 거리
하얀 옷고름을 풀어
그리움 번지는 속살처럼 부시다
성난 노여움이 하늘을 가리고
나직이 신음하는 술잔
홀로 소리 없는 울음을 달랜다
눈은 새록새록 쌓이고
눈 속으로 걷다 보면
이내 무너질 것 같은 어지러움
수줍은 눈매를 닮아
모든 생각을 가슴으로 맞는다
날개옷마저 벗어던지고
안에서 안으로 울부짖는 비명
견딜 수없는 외로움이 춤을 춘다

눈 오는 날은 네게로 가고 싶다

# 겨울바다

- 제주 지삿개에서

다가서는 세월의 무게만큼이나
슬픈 이야기 담아갈 수 있겠니
깊이깊이 움트는 붉은 산호
맑은 피 흘러 보내고
깨끗한 숨결로 다듬은 절벽
빛줄기 넘치는 저 날갯짓에서
부드러운 파도의 속살
집어낼 수 있겠니
밀려와 발밑에 소멸하는 생채기
순응하며 살아가는 이 땅의
푸른 물결을 보라
은하별들 여기 모여
아름다운 노래 부를 수 있을까
노래 불러 가슴 담아낼 수 있겠니

하늘이 옷 벗어
시린 허리춤을 내린다

# 후회

지금 내 머릿속에 고인 것은
세월이 짜낸 한 사발의 울음이다
눈발이 쏟아지는 마당가
아궁이에 걸어 놓은
녹슨 솥을 생각한다
문득 내 몸에 종소리를 달고 싶다
어둑한 귀 열고
허공의 어디쯤 울려야 하는지
바람 없이 혼자 떠가는 구름은 없다
구름위에서 바람이 키를 잡고 있다
울지 마라
섣불리 기억하지 마라
의미 없이 하루를 보내는 것처럼
먼 훗날 지루하고 허무한 것은 없다
내가 사는 동안은
겨울이다
검은 눈이 내릴 것이다

# 새벽하늘은 언제나 아름답다

멀리 보이는 산사
추녀 끝으로 풍경소리 열린다
가진 것 다 내주고
퍼낼 것 다 퍼내고
타고난 살결
가장 속 푸른 마음까지도
연옥에 던진
뼈가 아프도록 생활은 슬퍼도 좋다
보내는 사람 없어도
마중하는 자 없어도
어느 논두렁이나 밭이랑
길가에 자라는 이름 없는 풀처럼
혼자 힘으로 살아가면 된다
성숙은 보이지도 바라지도 않는 곳에서
늘 안으로만 차오름이다
사랑의 흔적이 묻어나는
새벽하늘은 언제나 아름답다

# 이름 없는 꽃

이름 하나 지어보려고 잠을 놓친 새벽
별빛 같은 고요를 안고
휘어진 산길을 간다
물소리 돌돌 내리는 도랑 따라
내 몸 슬쩍 훔쳐보고 가늘게 떨었을 꽃 한 송이의
미소가 더 푸르게 얼비친다
어쩌다 한번 스치고 간 인연인데
네가 아프면 내가 쓰리고
내 빛이 고우면 너도 흐드러지는
이름 없는 꽃 그림자
새벽을 통째로 흔든다

- 시집 『바람개비』 서시

# 달빛에 푸른 뼈가 있다

달빛 속에는 단단한 뼈가 박혀있다
부서진 뼛조각들이 그대로 살아 움직인다
무너질 듯 버티는 맨살의 고통을 느끼는지
내 몸을 칭칭 감아올리는 숨소리 아늑하다
헐벗은 가슴 땀방울로 흐르면서
끈끈한 언어가 전설처럼 파도친다
하늘까지 길어진 손들이 둥근 얼굴을 다듬고
곁에 서있는 노쇠한 짐승은 또 다른 누구인가
살면서 이 세상에 빼앗긴 모든 살과 피
치유할 수없는 어떤 생애일 뿐
차마 버리지 못해 생겨난 상처 때문은 아니다
보라 푸른 달빛이 그 부서진 뼛조각들이
낮은 곳을 깨워 높이 떠받치고 있다
덩달아 둥실 떠오르는 지상의 모든 시선들
어둠까지 환하게 적시고 있다

# 황토 집

산자락 아래 버려진 황토 집
오랜만에 찾아 준 사람들이 그립다
아궁이 남은 재에서
마른 장작불 활활 타오르고
목마르다 춤추는 불꽃들이
혹한의 추위를 녹인다
예전에 고삐 뚫린 송아지
울음 타고 벽 속을 파고든다
시렁 위에 잠자던 어둠이 놀라
여물간 작두날을 세우고
찬바람이 그 정수리에 침을 꽂는다
순간을 지나치는 기억 속으로
뿜어내는 담배 연기
흘러간 세월의 그리움을 벗는다
처마 끝에 매달린 수정고드름
새색시 푸릇한 속적삼을 헤집고
마당가 미루나무 빈 둥지에선
달빛이 노독을 풀고 있다

# 서당골 여울은

예전처럼 맑은 물소리 들려줄 수 있을까

서리 내리던 그 자리
잠시 바라보았을 뿐인데

갈대밭으로 종이학을 날린다
갈대는 흔들릴 때의 모습이 아름답다

세상이 필요로 하는 사람이 되라
회초리자국 찍어내던
훈장선생님 그날의 청정한 목소리

자식들 심장에 그대로 심어주고 싶을 뿐인데

예전처럼 맑은 물소리 들려줄 수 있을까
서당골 여울은

# 음성사서함

이상도 해라 어디서 많이 본 듯한 목소리

그래 나 떠나고 싶어
그렇게 어디든 찾아들고 싶어

나머지 인생 전부를 다 바치고 싶은

수천의 물고기 떼 알을 품고
식탁에 뛰어오르고

삶을 위해 죄짓는 또 다른 삶이 되지 않도록
밤마다 잠자리에 기어들고

세상 희비의 곡선들이 다 숨어있는

내 작은 비밀의 방

# 무창포 연가

발그레 피를 머금은 해당화
타지 못한 뼈 몇 개가 벌떡 일어나
진저리를 친다
그렇다 우리 사랑이 거룩한 일이란
깊은 밤 깊숙한 소리를 듣다가
달아오른 심장
불꽃의 심지를 돋우는 일이다
우리가 목숨 바쳐 태워야 할 일이
사랑 이외 또 무엇이 있겠느냐
자궁 속 작은 씨앗에서 태어났다
하얀 드레스를 입은 신부 앞에
여러 색깔들이 무슨 의미가 있겠느냐
서로 다른 빛과 열망 불태우고
하나로 태어나는 저 심연의 파도소리
가장 고통스런 밤이 끝난 자리에
은밀히 피워낸
우리들 금빛 사랑인 것을
그리고 사랑이 탄 흔적 위에 남겨진
영롱한 사리 몇 과인 것을

# 어물전 앞에서

어둠이 내려깔리는 유성장터 어물전
파닥거리는 생선들 그 눈동자는
채 읽어내지 못한 또 다른 슬픔인가
내가 마주한 좌판대 널빤지 위에는
푸른 수의를 껴입은 고등어가 막 토해놓은
비릿한 파도가 넘실거리고
순간 꼬리를 치며 뛰어오른 지느러미
아내의 하얀 목덜미를 덮친다
지나던 바람이 긴 혓바닥을 내밀어
떨리는 숨결을 받아 마신다
지금 내가 억눌리고 구속되는 것은
바로 읽어내지 못한 슬픔 때문이다
아침이면 고스란히 식탁 위에 놓여지고
생애 마지막 자맥질을 즐길 것이다
아내의 깨끗한 혈액으로 녹아 흐르면서
내 안에 피와 살로 살아갈 것이다
어둡고 찬 바닥 막다른 골목길에서
습한 안개가 낄낄거리며 몰려오고
내가 서있는 땅이 조금씩 내려앉는다

# 사모곡 · 1

- 하관

가난한 생활일수록 빈손이 좋아라
소리 없이 내려지는 검은 옻 관

진달래 담쏙 품는
향기는 더욱 아파라

건강한 연줄
스스로 풀려 빗돌 안으로 열리고

잠시도 미워할 수 없던 사랑
곁으로 잠드시는 마음은 얼마나 행복한가

다만 못 다한 그리운 공간 있다면
산새들 여기 솔밭에 와 노래하라

사시(巳時)의 맑은 햇살 한 줄기
서으로 서으로 뻗어나고

- 시집 『눈 오는 날은 네게로』는 사모곡 - 하관

# 사모곡 · 2

- 삼우제

애타게 부르는 자의 여린 가슴
자유로이 떠나신 님의 상흔만이 맴돈다

이승에서 못다 이루신 한
하나도 버릴 수없는 소망의 꽃은 붉고

오늘 보름달은 중천에서 서럽것다
솔가지 숨결은 한껏 푸르것다

순결한 눈빛만을 사랑해온 식구들
언제 다시 잔 올려 향 피울까

아직은 황토 흙 찬이슬 돋아나는데
사무친 정 무심한 발길 돌리는가

그리운 미소 잠기어가는 하늘가
장밋빛 슬픔 어린다

- 시집 『눈 오는 날은 네게로』는 사모곡 - 삼우제

# 남북회담 · 3

가파른 고갯길을 오른다
남과 북에서

하루를 살기 위해
우리 모두는
지옥에서 찌든 창녀들

고개 비죽이 내밀다 고갯마루에 걸린 조각달

핏속 떠돌며 아직은 덜 여문 씨앗 때문일까
상처 아문 자국이 욱신거린다

연옥에서 막 돌아온 어머니
동짓달 긴긴 어둠을 몰아내고

등불 하나 내건다

# 나의 꽃은

동백꽃 붉은 모가지가 통째로 꺾여
땅바닥이 어지럽다
우리 가난한 연인으로 만나
처음 나는 누구였는가
너는 나의 누구여야 했는가
입안 가득히 밀어 넣은 빛과 향
후욱 가슴 골짜기에 번져간다
정말로 사랑한다면
흘리는 저 눈물의 출처를 묻지 말라
추운 계절의 맨 끝에 올라
낮은 산자락을 에둘러 싼 안개 속
뼈마디 부러진 아픔 그 상처인 것을
나의 꽃은
생애 단 한번
붉게 피다 혼절한 사랑이었으면 한다
어디에 가도 꽃은 피고 지고
반복 되지만

# 감자

색깔이 희끗한 몸에 칼을 댄다

순간 깊은 안쪽에서 민감하게 밀어닥치는 열꽃
꽃잎을 디딘 발이 몹시 뜨겁다

세상에 살아있는 모든 것들의 몸속은
누구나 뜨겁게 녹아있는 것일까
삶이 이처럼 뜨거운 그 무엇이었다는 것일까
이처럼 진저리치며 뜨겁게 살아야 한다는 것일까

쫓겨 내몰린 것들을 껴안고 울어본 이는 알 것이다
떨어져 나간 자리에 아물지 못하는 상처
머리도 가슴도 녹아내린 투명한 눈물자위를

목숨 바쳐서 피워낸 사랑이라니
생명이라니

# 그리움 · 1

산을 넘으면
산 하나 또 다가오고

그리움 뒤에 또 하나 그리움 숨어있네

큰 울음 한 자락 안고
홀로 가신 당신은

마지막 등성이 넘어
불타는 재가 되시어

그대로 빛이 되시어

세상 맑고 높게 사는 법을
빛으로 말씀하시네

- 시집 『들꽃』은 그리움 · 1 - 화장

# 접시 위에 놓인 물고기

파닥거리던 물고기가 금세 숨을 죽인다
꽃잎같이 벌어진 아가미는
자신의 삶이 얼마나 무의미한 세월의
덫에 짓눌러 왔는지를 말해주고 있다
그물에서 풀려나
더 큰 세상을 찾아 떠난 지느러미의
깨진 조각들 그 숨겨진 비명이
접시 안에 그대로 박혀있다
모든 고통이 다 녹아 사라지면
영혼은 다시 물로 태어날 것이다
새벽에 태어난 강물은 속이 깊다
속 깊은 만큼이나 맑고 깨끗하다
보라 죽음에 이르러
이보다 소중한 깨달음이 막상 어디에 있는가

# 개의 죽음에

돌아가리라 다시 짐승으로 생겨날지언정
아름다운 세상
내 어딘가에

목이 졸리면서 시작되는 열반의 고통

차라리 단숨에 심장을 꽂는
날카로운 비수를 달라

그들의 나라에 태어나 보라
힘없는 그들은 어떻게 살고 있는지

흰 이빨 드러내며 장작불 패대는 인간들
검은 그림자가 상장(喪杖)처럼 슬프다

# 새벽바다 · 2

새벽에 바다를 나는 새는
가슴 추워서 난다
날개 삐걱거리는 소리는
포구 어디쯤 둥지를 틀고 싶었을 때
말아 올린 파도
파도의 목울대가 울컥 뱉어낸 아픔이다
춥고 가난하다고 사랑조차 모르겠느냐
새살이 밀어내는 검은 딱지처럼
푸석푸석한 바람 잔뜩 재우고
어둠 속을 질러오는 저 슬픈 연가
남편 병원비 벌거라고 식당 알바며
노래방 도우미 나간다는 젊은 아줌마
환장하게 왕성한 식욕이 몸을 세워
탬버린을 흔들어댄다
바라보는 깊이만큼 높낮이가 다른데
길을 지우고 다시 만드는 등 시린 파도
일제히 기립박수를 보낸다
새벽에 바다를 나는 새는
가슴 추워서 난다

# 사랑이란 이름으로

맑은 하늘 저편 언덕에
한 포기 꽃을 피워냈다
은가루 무너져 흘러가는 발레
결코 흔들리지 말아야 한다는
마음 속 다짐들이
다시 새로운 자리를 찾아 나선다
나를 잊어야 한다는 사실은
네 안에 내가 살아있기 때문이다
사랑하다 받은 상처는
사랑으로 고쳐야 함을 안다
너를 위해
한 줄의 시를 쓰다가
기꺼이 촛불로 타오를 수 있음이
다만 행복하다
사랑이란 이름으로

# 능금

얼마만큼의 아픔을 견뎌냈을까
피부가 가을빛보다 붉다
안으로 가득 채워진 단물은
여름내 고인 눈물이다
세상에 단 한 번도 내보이지 않고 익은
깨끗한 속살이다
햇살 찬연하게 부푼 가지에서
누군가를 읽고 있는 소리
맑고 깊은 그 소리

# 새 천년 아침에

술래잡기 할 때 짚가리 속이나 헛간보다는
부엌 나뭇간에 숨길 좋아했다

마른 솔가지 위로 살짝 고개를 내밀다가
살강아래 부러진 숟가락 하나를 보아두었는데

기어이 좋아리에 씽씽 바람소리 배어들고
소리 결 따라 아프게 찍어내던 회초리자국

서러워서 자꾸만 울었는데
한나절이 지나도록 고갯마루서 기다리던
엿장수 아저씨가 어쩌면 밤새 서러웠는데

새 천년 아침에
성훈에게 엿을 사주었다

남달리 영리한 녀석은 아마도 알 것이다

그해 겨우내 속내를 다 뒤집어놓던
할부지 되도록 잊지 못하는 그 기막힌 맛을

# 치자나무

푸른 잎사귀 속
하얀 속살이 시리다
다가서는 손끝이 떨린다
무슨 그림을 그려낼 것인가
은근히 뿜어내는 향내는
어김없는 아내의 마음이다
언제나 거침없는 사랑
나를 유혹한다

# 연꽃이 피면

물가에 서있는 돌의 침묵을 녹여
집 한 채 짓고 싶다
떠돌며 물결을 이루는
저수지 안쪽 그 노을처럼
내가 사는 세상 아름답게 만들고 싶다
절벽을 오르는 새떼들
반짝이는 눈동자를 닮고 싶다
짓눌려 반복되는 슬픔이 고여도
꽃대 줄기차게 피워 올린 사연
젖고 젖는 전생의 어딘가에 닿으면
내 아픔도 뜨거워지겠지만
울음 가득 채운 것들의 목울대
울컥 토해내고 싶다
잠시 고요의 물살이 밀리면서
출렁이는 저 하늘
물고기 피의 빛깔로 날개를 달고 싶다

# 연꽃

땅속 깊이 뿌리의 근원을 내리고
물위에 핀 꽃잎들
맴돌던 바람이 두 손을 모은다
찰나다
둥글게 퍼지는 햇살의 저 눈부신 떨림

# 호수·1

- 연꽃

내가 나를 사랑하고 생각하는 것은
전생에 얼마나 아름다운 인연인가

견디어 낸 세월
지난한 몸짓을
간간히 부는 바람아 너만은 아는가

찾아오는 사람들
세상 살아가는 이치를 일깨움은

마음 씻어내고 지은 죄 다시 묻어
빛 맑은 향내로 풀어냄이다

보라 파란하늘이 걸려있음을
눈부시고 환하게

# 목욕탕에서

깜박 잠이 들었는지
꿈을 꾸는 동안 부식이 진행되었는지
손발 마디마디가 저리다
느낌도 생각도 없이 식어버린 물이
금방 딱딱해진다
마른수건으로 몇 번 더 문지르는 동안
누가 창을 두드리는 소리
오랜 가뭄 끝에 비가 내린다
떠난 그녀가 좋아하던 봄비가
몸을 흔들면서 다가온다
머리끄덩이를 잡아끌면서
길게 신음하며 내게로 온다
이상해라 갑자기 온몸에 힘이 솟아나고
눈 감으면 무지개가 뜬다
내 몸에 꽃이 핀 걸 미처 몰랐다

# 어떤 틈새

수백 년을 구르면서 견뎌온 바위도
결국엔 금이 가고 틈새가 생긴다

맞이하자 기꺼이
치밀하고도 끈질기게 시간이 밀어내고 있는
갈라진 저 틈새를

눈부시게 천년을 살아온 종소리도
결국엔 금이 가고 틈새가 생긴다

맞이하자 즐거이
치밀하고도 끈질기게 세월이 밀어내고 있는
갈라진 저 틈새를

# 꿈꾸기 · 1

푸른 뼈마디를 풀고 몰려오는 오월
산마루에 기대어
하늘을 마시기 시작하면
산은 두 팔 벌려 그늘을 만들고
한결 푸릇해진 숨결은
제 자리를 찾아 분주하게 오르내린다
숨겨져 있던 생각들이 서로 다투어
생채기 부신 가슴마다 깃발을 꽂는다
햇살은 더 새파랗게 쏟아내려
누군가 나를 읽고 있는 소리
행여나 만날지도 몰라
고운 손이 내 강인한 핏줄을 움켜쥘 거야
울음이 가득 산자락을 적실 거야
끝없이 내달리는 꿈결의 강처럼
등성이 지나 다시 등성이로 이어가고
날개도 없이 날아가고 있는 것은
흔들리지도 않고 자꾸만 날아가는 것은
바람이 구겨진 날을 세운다

# 워낭소리 · 1

이 땅의 순한 짐승으로 돌아가기 위해
때로는 황홀했고 때로는 외로웠다
어둠을 깨고 질러오는 바람은
영혼이 펼칠 수 있는 마지막 날개
누군가 상한 마음이 머물다 간 흔적이다
숱한 고통이 들락거리기 시작하면서
하늘의 빛을 받아 마시고 소리를 키운
무소유의 깨달음
새벽을 고스란히 일구어낸다
가난하다고 어찌 눈물조차 없겠느냐
그렁그렁한 눈을 들어 한생을 길게 운다
순간 거대한 허공이 일시에 무너지고
이때 하늘은 제단처럼 슬프지만
얼마나 장엄한가
죽음을 예감했던 내 언어의 감각은
또 얼마나 아름다운가
나타났다 사라지는 수많은 길 위에
아버지의 안부를 묻는다
그해 겨울은
눈 내리는 기억에서 사륵사륵 깊어가고

# 허리가 구부러진 배롱나무

눈먼 화공이 밤새워 그려놓은 수채화 한 폭
가슴 탁 트이는 호숫가 어디쯤
조용히 살고 싶은 영혼의 꽃잎이다
처음 만난 숲속 외진 산책길에서
어쩌다가 살짝 옷깃을 스친 것도 같은데
지나간 발자국에도 향기가 묻어나는 것일까
어둠의 빛이 구부러진 허리를 감싸고
치마폭을 들추어 달을 꺼내놓는다
굽이굽이 휘어지며 무너지는 강물
배란기를 놓친 물고기들의 반란이 시작되고
늑골을 파고드는 아가미의 비명소리
꽃잎 자궁이 온통 새벽을 앓는다
터진 단추 구멍을 애써 숨기지 마라
태어나면서 이미 누군가에 압류당한 몸이다
떠나간 사람들의 사연을 가슴에 품은 채
울음을 재촉하고 있는 빨간 우체통
어디론가 또 다른 사람을 찾아나서야 하나
꽃 진 자리에 옮겨 다니는 새소리 슬프고
몸 빠져나가는 물소리가 아프다
강물이 천천히 색소폰 소리를 타고 흐른다

# 꿈꾸기 · 10

지옥 내리막길을 굴러
상처투성이로 되돌아온 여자

하나하나 옷가지를 벗는

제 몸속 피가 벗어지는 것을 따라 벗는

조금씩 그 피가 더워지는

성스러운 여자의 몸은
오로지 울음으로만 열릴 수 있음을 보여준다

하늘이 눈을 감는다

# 정수원 길목에서

길 문득 사라지고 지난 날
착한 그 얼굴도 사라지고
들꽃 널브러진 언덕을 내리는 물은
질척질척한 피의 심연
피다 찢어져 흩날리는 꽃잎처럼
온통 핏빛 그리움이다
팔남매 막내로 태어나
서둘러 제 몸 후벼 파 만든 상처
순간에 스스로 포박을 당했으니
벗어놓은 허물 어찌 다시 껴입으랴
가난 때문에 오히려 깨끗해진 몸이다
뼈와 살 가진 그대로 불태우고
자유의 계단 드높은 저 하늘나라
어둠을 질러오는 빛 밝은 눈동자여
맨발로 서있던 나무들 잎 피우고
오월의 향 맑은 옥돌
가슴 쏘옥 내밀고 있다

# 미로

젖어있다 너는
눈가에 자주 생기는 즙처럼
젖은 내 몸에 꽃들이 피어난다
꽃들이 붉게 피어나면서
사방으로 퍼진다
보라 사랑의 힘이다
그걸 신앙처럼 믿고 싶어
네게로 가는 수많은 길들이
내 몸에 들어온다
꽃들이 그 길을 덮는다
햇살 반짝이고
새소리 날아든다
바람이 그 위를 걸어다닌다
발아래 무성한 그늘을 떨어뜨린다
시작과 끝은 어디에도 없다

# 돌멩이 하나 드립니다

그리운 이께 드립니다
금강 푸른 물로 씻고
상긋한 솔잎에도 문질러
그러나 뭇사람들 발에 밟혀
차마 그대로 드릴 수 없어
다시 맑은 바람에 부비고
하늘가에 대고 갈아
보석처럼 빛날 사랑
그래도 차가운 눈비 때문에
그대로는 드릴 수가 없어
가슴 깊이깊이 묻었다가
뜨거운 피로 달구어 낸
돌멩이 하나
그리운 이께 드립니다

# 바람 앞에

헛되게 낡고 천한 것이란다 손 부비며 살아온 날들이
시래기처럼 엮어져 있다

언제든 귀 설고 눈먼 얼굴
내가 나를 어떻게 사랑할 것인가

처음 길을 내준 것도 바람이다
얼마나 많은 바람이 흘러 내 몸에 머물고 있는가

서둘러 누군가를 찌르고
다시 돌아와 내 심장을 찌르던
칼날이 거기 함께 누워있다

투명하게 밝히고 싶었던 한 생애의 고백
마음은 종소리처럼 둥글게 퍼지고
비워낼수록 가슴살은 그토록 깊었던가

아니다 그게 아니란다 내가 원하는 것은
맨 처음 그대로의 생각

노을이 꽃잎인 양 고요히 쌓여가는
뉘우침 없는 삶이란다

애초부터 내 그림에는 색깔이 없다
바람 앞에 서면
언제나 알몸이 된다

찻잔 속에 말없이 녹아 침몰하는
타고난 정갈한 몸

# 동백

바람이 지날 때마다
온몸으로 떨며
육신을 태워
불 밝히는 영혼인가
밤새 속살 간질이는 웃음소리는
이미 황홀한 밤을 맛본 여인의
귓속을 맴도는 바람 탓이다
내 생명을 유혹하고
마음껏 사랑하다
그냥 돌아설 수 있는 날은 언제인가
비어있는 자리에만 피는
아직은 손 탐 없는 순수라지만
홀로 산다는 것이
얼마나 어려운가를 보여주고 있다
마음이 흔들릴수록
고통은 더욱 여위어 가고
잠시 그리움의 둘레에서 벗어나고파
흐드러지게 밖으로 뿜어 올리는
빛깔과 향기
갯벌을 가득 채우고

물 건너 육지로
육지로 넘쳐나는 그것은
섬 처녀의 타고난 본능
아 차라리 가슴 풀어 젖힌 화냥년
동백은 바람이 피워 올린 꽃이다

# 아내의 눈물은 · 1

새벽마다 가슴 가득 고이는 눈물은
고요가 깊어 다 채울 수 없다

풀잎 위를 구르는 저 이슬들을 보라

작은 공기방울로 밤하늘을 떠돌다
깨진 상처에서 생겨난 눈물방울이다

사랑하기에 그 약속을 지키기 위해
서둘러 스스럼없이 벗어던진
맨 처음 속옷처럼

태어나면서 이미 소멸하기 시작한
생명의 근원적 고독이다

보라 소멸하는 순간이 이토록 아름답다

늘상 빗나가는 생각의 아둔한 감각 때문일까
바이러스에 감염된 내가 열병을 앓는다

- 시집 『바람개비』는 아내 눈물 · 1

# 난파선에 누워

어둠을 불살라 먹어야 했던 등대지기의
꺼지지 않는 불멸의 양심이 피워 올린
마지막 등불이다
살기 위해 안간힘을 쓰다 부서진 파도
파도의 허기진 뼈들이 달구어낸 빛이다
우리 모두는 순응해야 한다
고장 난 뱃머리를 돌려 세우고
하늘을 날아오르는 저 바닷새를 보라
물속 깊이 자맥질하고 올라온 비바리처녀의
긴 날숨
비릿한 살 냄새가 물씬 젖어있다

# 상쇠

달을 건지기 위해 두레박을 타고
우물 속을 다녀온 사내

처마 끝에 별 같은 등불이 켜지면
절로 흥겨워 덩실 어깨춤을 춘다

조금이라도 남에게 지면 못사는 성미라서
휘모리장단에 맞춰 앞뒤로 흔들다 보면
머리에 꽂힌 부포가 하얀 꽃으로 벌어지고
마당가 무성한 들꽃들이 열기를 헤아린다

수천 년 시간을 날아온 이름 모를 새들
날개 접는 소리
젖은 눈망울이 오히려 부드럽다

바닥난 등잔에 기름을 치고 방문을 나선 여자
신들린 몸이라며 세상 제일 맑은 우물의
발원지가 되고 싶은 여자
모두가 한바탕 신명나게 어울린다

어쩌다 마음씨 착한 여자와
눈이라도 마주하면
겁 없이 겅중겅중 뛰는 순진한 사내다

무대에 서면 서열도 나이도 없다

보라 떡 벌어진 어깨를 넘나드는 달빛
멋지게 흔들어대는 장엄한 율동을

그날 밤 달이 빠졌던 자리에 움푹
분화구 하나 생겼다
폭풍처럼 고요가 넘치는

# 곰나루에 가면

순한 짐승의 숨결을 받아 마신 탓이다
아무런 저항도 없이 무너지는 저 강물
서두르거나 결코 재촉하지 않는다
지녀온 마음 그대로 내보이고 싶어
강물 속으로 맑은 햇살을 풀어놓는다
보라 반짝이는 가슴 끌어안고
푸득 날아오르는 목이 아픈 새
선혈을 깨물어
뜨거운 피 아직도 내 몸을 흐르고
맨발로 서있던 자리
찔레꽃 향기가 고스란히 붉다
바람이 솔밭 꼭대기에 둥지를 튼다
차마 이대로는 발길 돌릴 수 없어
해질 때까지 빈 나루터를 서성거린다

# 노숙자의 새벽

새벽 지하철을 타고 대전역에 가보라
어두운 눈빛들이 모래알처럼 굴러다닌다
구석구석 후미진 골목마다 즐비하다
시계탑 하나 허공에 높다랗게 걸려
목척교 아래 먼 불빛을 기억한다
슬픔이 어둠을 태우는 불은 끌 수 없지만
어둠을 불사르는 뜨거운 불길로부터
작은 씨앗의 사랑은 지켜낼 수 있을 거라고
가난하지만 마음만은 넉넉하다고
새벽마다 별을 주워 담던 넝마주이
착한 얼굴이 불길로 타오른다
차마 지워낼 수 없는 상흔
찢는 바람보다 찢기는 눈빛이 더 아프다
몸 뒤척이며 울부짖는 젊은 여인들
춤추는 불빛 따라 곡선을 그리지만
잔뜩 허리를 구부린 채
그러나 눈먼 사내일 수밖에 없다
노숙자의 새벽은 홀로 불타는 어둠이다.

# 들꽃 · 8

떠다니며 바람을 일깨운
맑은 숨결로 산다

숲을 지나 개울로
안개 속에서
아름다운 지혜를 배운다

아아 눈부신 태양을 향해
가슴마다 웃음을 담는다

날아오르는 수천의 꽃가루

그리운 사람들
마음 키우는 빛과 소리다

# 산문

막 잠에서 깬 산새 한 마리가 푸드덕
날개를 턴다

남루한 외투를 걸치고 천연덕스레 앉아있는
마치 성불한 스님 같다

놀라워라
마음이 일순 광배를 두른 듯 환해지고

도랑물에 발 담그면
송사리 떼 검은 눈동자 깜박거리며
발가락 때를 빨아준다

# 밤에 오는 눈은

제일 높은 데 제일 먼 데서
아주 부드럽게
여린 마음을 나쁘다고 할 수야 없지
세상 누구에게도
애증의 날개옷은 벗어줄 수 없는 걸
그런 거야
가난한 겨울나무
가지들 빈속을 가득 채우다가
고요가 잠든 창가에 사뿐 앉아서
도란도란 이야기 나누고 싶은
순수 바람의 메시지인 거야
그러니까
해님 그 부신 시샘이 싫은 거니
어두운 밤에
아무도 보지 않게 살짝 오는 거니
아무래도 파란 하늘이 겁이 난 거야
그만
하얀 속살 울음을 터트린 거야

# 두만강에서

울렁이는 가슴 안고 단숨에 달려왔네
가까이 바라보는 산자락
초가 두어 채가 유난히 한가롭고
빨래하는 아낙네
두들기는 방망이 소리만이
골짜기 일구어낸 밭이랑 속을 들쑤신다
통트는 빛을 향하여
나직이 엎드린 삶의 뿌리들
참깨밭 오이순이며 녹두꽃
민초들 얽힌 사연이 애틋하다
뒹굴어야 할 텐데
능선 따라 꼭대기에 올라
하나 되어 뜨겁게 뒹굴어야 할 텐데
성큼 한 발자국 더 내디딘다
강바닥 당기어 무지개로 피어나는 숨결
겨레여 이것이 핏줄이다
뒤틀리며 반짝이는 저 강물

# 억새의 노래

우리에게 이보다 행복한 날은 오지 않는다
계절의 맨 끝자락을 딛고 허공을 돌아
아프게 오라 너는
더는 분간할 길이 없는 가파른 능선 저쪽
상처의 몸짓 그 눈부신 고요를 듣는다
사랑을 나누는 순간은 누구나 행복하다
고통도 부끄러움도 없이 오직 진솔하다
보라 허연 살 내놓고 억세게 흔들어대는
바람아 그토록 시린 목숨의 날개
몸을 지탱해 주는 팽팽한 혈관이며
은밀하게 부드러운 언어
언제나 파란 하늘을 꿈꾸던 눈동자
어둠속에서 빛과 향기를 얻었다
육체를 버리면 영혼은 영원할 것인가
숨 막힐 듯
가슴속으로 푸른 손들이 흘러 들어가며
핏줄 같은 뜨거운 강 하나가 파도를 친다
돌아보지 마라 저 아득한 허공을 돌아
뼈 하나로 오라 너는
우리에게 이보다 행복한 날은 오지 않는다

# 누군가에게 사랑을

길가에 핀 꽃 한 송이에게 사랑을 주라
꽃잎을 품고 있는 나비의 시린 날개에게
사랑을 주라
거칠고 마른 한 줌의 흙에서
순정의 꽃을 피울 수 있었던 까닭은
누군가의 사랑을 받았기 때문이다
사랑을 받는 순간
그의 품속에 들어가 하늘에 닿았기 때문이다
우리의 가슴속에는 저들의 빛깔이 있다
박동치는 네 심장의 빛깔이 결국은
저들의 삶에서 배워온 것이다
잠시 사랑을 접었던 지난 세월을 보라
어둠이었다 저들의 빛깔이 없는
불안하고 삭막한 어둠의 세상이었다
이름 없는 꽃 한 송이에게 사랑을 주라
나비의 찢긴 날개
저들의 모든 눈동자에게 사랑을 주라
우리는 누군가의 사랑을 받아야
비로소 이 세상에 닿는다

# 동두천 가교

하늘 높이 펄럭이는 깃발을 본다
삽으로 파헤쳐진 조각들
은모래로 찍어내는 한 장씩의 벽돌에 물을 뿌리면서
흔연히 떠나야 하는 나
아직은 전설처럼 황량한 이곳에 머물면서
나만의 이야기를 시작해야 한다
차마 떠나지 못하는
일상의 낭자한 유혈
온몸 적시는 햇살 속에서
금은 영롱한 가교를 세워야 한다
그러면 수천만의 빛살로 하여 푸른 휘장 두르고
새벽마다 그 빛나는 지혜를 배우면서
몸 안 가득 차오르는 은혜의 슬기로움
누구나의 가슴마다 황금빛 뿌리를 뿌리라
언젠가 긴긴 겨울새의 울음이 멎고
낯선 군단의 대열이 이곳을 지날 때
알 수 없는 소리의 톱날에 잘린
미이라의 아픈 음악
푸른 눈 속에 상실한 강하(江河)
강하의 슬픈 노래여

눈썹과 눈썹 사이에 어두움을 세우고
오랜 침묵과 마주앉아서
그것은 얼마나 두고두고 응결된 것인가
거기 얼굴을 묻고 흐느끼는 전신
몸짓 앞에서 나는 통곡한다
불꽃 튀는 공간을 나르다
끝없이 풀려 내릴
바람 내릴
하늘로 맞받는 찬란한 아침의 깃발
우리 모두의 금은 영롱한 가교를 세우고
이제는 정말 흔연히 떠나야 하는 나
억세게 몸부림쳐 오는
삶의 갈구와 함께
그러나 오늘도 차마 이곳을 떠나지 못한다

# 봄날에 그녀를

깨끗하고 빛 화사한 아침이다
땅속 깊이 수액을 퍼 올리는
햇살에 찔려
파르르 붉은 입술을 떤다
그녀를 탬버린처럼 흔들어대던
허리 부푼 찔레꽃
우물가에 쪼그려 앉아있다
큰일이다 성난 가시들
화급하게 가슴을 열어젖히고
봄이다 봄이여
연둣빛 혀를 빳빳하게 세운다

- 시집 『사랑을 나누는 순간은 누구나 행복하다』는 봄날에

# 성묘 길에 · 2

어린 시절 그리운 노래가 담긴
악보를 넘기고 있다

깨끗한 햇살이 굴러다닌다
햇살 박힌 눈에서 자꾸 눈물이 난다

어느새 할아버지가 되었다

세월은 흘러가는 것이 아니고
거꾸로 찾아오는 것인가

아버지가 부리던 두엄자리
억새 마른 꽃들
한 번 더 피어 있다

# 대청호에서

몸 뒤척일 때마다 드러나는 피부의
어둠 속을
부딪치며 부서지는 아우성

어린애처럼 칭얼대기를 좋아하는 아내의
보이지 않는 속내가 끝내 눈시울을 적시고

착한 마음에서만 사는 거룩한 상처는
어떻게 사나운 물살을 헤쳐 나갈지
날개가 없는 내 몸은 어떻게 하늘을 날고
추운 저 허공을 건너가게 될지

서러운 것은 마음 착해서가 아니다
제 안에 자라있는 꿈 모두 쓸어내리고
오직 살기 위해 목을 푼 바람
바람의 골 패인 아픔 때문이 아니다

한생을 부대끼며 살아온
삭히고 삭혀도 응어리로 남는 세월의
송두리째 내던지고 싶은 슬픔 때문도 아니다

상처의 맨 안쪽을 걸어본 사람은 안다

쓰러지고 깨진 것들을 안아 세우는 일
버릇처럼 고요히 눈물 안쪽에 들어앉히는 일은
오롯이 자신의 몫이다

맨 처음 아내를 낚아챈 그는 도대체 누구인가

발이 푸른 새 떼들
수심 깊이에 물그림자로 박혀
애써 딴전을 피우고 있다

# 대숲에 머무는 바람은

푸른 잎 흔들어 바람을 부르고
품안에 그 바람 머물게 한다
부드럽고 넉넉한 마음
뿌리 깊숙이 하나가 된다
어둠이 길게 내리는 밤이면
별빛과 달빛을 버무려 밝게 하고
강한 매듭 더 단단하게 동여맨다
한 점 흐트러짐도 없이 꼿꼿하다
향내 진저리치는 겨울 동안은
머리위로 하얀 눈송이를 부른다
어쩌다 사나운 짐승이라도 만나면
피하지 않고 맨몸으로 부딪친다
불의에 허리 굽히지 않고
눈동자 헛되게 굴리지 않는다
온갖 시련에도 굴함이 없다
세상 바르게 사는 이치를 알려주고
건강한 피를 나누어 준다
타고난 성질 그대로 곧고 정결하다

# 연가

파란 마음이 물결치면
노래 부를 수 있을까
막 피어난 눈동자의
선연한 빛처럼
새벽을 맞이할 수 있을까
숲이 열리고
새들이 날아드는 소리
여울물 거슬러 올라
더 깊이 들어서면
비상하는 순수의 몸짓
볼 수 있을까

천년 하늘
옥 매친 매듭 푸는 그리움을

# 라테란 언덕

오라 가난한 사람 누구나 가슴 펼 수 있는
라테란 언덕을

스물여덟 계단
무릎 꿇어 고난을 새기고
소나무 작은 가지 사이
한국의 은장도 푸른 날을 세우자
요한성당 토마스 사도의 자에서
희망을 잴 수 있는 눈금은 보이지 않으나
성 프란치스코상 앞에서
구걸의 눈빛 차마 보일 수는 없으나
약속은 누구에게나 지켜야 할 생명임을
다만 너와 나 운명의 진술서가 다를 뿐
뿌리 감아올리는 순간은 성스럽다
그대 달려오라 빛나는 저 태양
가슴 펴 함께 담자

서울에서 사라진 전차가 언덕을 달리고 있었다

# 런던성

안개 걷히며 몸을 내민 성곽
마음 깊이 빗장 걸어 둔
녹슨 대문이 을씨년스럽다
반란의 머리채 치렁치렁
목 잘린 왕비의 살결을 물어뜯어
까마귀는 날지 못하는 날개가 되었구나
감옥의 문은 언젠가는 무너진다
이내 보일 듯 무너지는 쇠창살 타고
벽돌담 기어올라
덩굴장미 붉은 웃음을 심고 싶다
그들의 몸에는 부드러움이 없다
누군가는 옷을 입혀주어야 한다

타워브리지 그 웅혼한 기상이
비운의 성
굳게 닫힌 문을 지키고 있었다

# 카타콤베

하늘 보기 차마 두려워
지하 층층
무덤 속 뒹구는 목숨으로 살다가

정수리에 내려 꽂인
검은 그림자

옆구리를 찌르는 비명소리 잠들고

기억 되는가 태양의 영토가 아닌
거기 성스럽고 거룩한 세상을

기억할 수 있는가 즐비한 영혼들이
그날의 메아리
새 생명으로 조각되는 순간을

# 비상

하늘을 날다 죽은 새는
날개를 접지 않는다

함부로 곁을 허용하지 않고
장엄하다 완강하게 날갯죽지를 편 채 죽는다

저들의 길은 끝이 없다

높게 더 멀리 날고픈 마음의 꼭대기
죽어서도 꿈은 버려지지 않는다

이 세상 밖
어디론가 또 다른 비상을 위해
끼룩끼룩 운다

자기만의 세상을 떼어 메고

# 네 엄마가 흘리는 눈물은

단단하게 쟁여져 있던 속심 다 빠지고
그나마 헐렁하게 남아있는 것은
젖은 눈물이 만들어낸 찌그러진 젖꼭지다
하늘의 빛을 받아먹고 소리를 키운
한 열 번은 더 허리끈을 조르고 몸을 비틀어
들국화 옆에서 덮고 자란 시린 치맛자락
너머 나와 어울져 함께 흘러가는
착한 마음이 고여 있는 눈물주머니다
젊은 날 너를 위해 미리 마셔 두었던
계룡산 장군봉 골짜기의 맑은 샘물
어떤 물약보다도 심장 깊숙이 파고드는
무릎을 능선 삼아 돌고 도는 꿈 많은 우주의
거대한 혈관이다
한겨울에 피는 꽃은 눈물이 없다
젖꼭지처럼 얼고 시들어 흙빛이 된 이파리
그 속에서 새 생명을 꽃피우는 씀바귀를 보라
소중한 눈물은 안으로 끌어안고 뒹굴어야 한다는
생각이 법칙보다 더 고집스러운 네 엄마
한 마리 새가 허공의 목청을 떨며 비켜가고
함박눈 유난히 펄펄 날리는 오늘은

묵묵히 서있는 나무기둥에 너를 비틀어 매놓고는
그리고는 냅다 어디론가 줄행랑칠 것만 같아
자꾸만 불안하다

# 증약리에 가면

들꽃들 한창 피어 있다
햇살 부푼 신작로에 버스가 오가며
새 길을 만들어 내고
교회당 꼭대기
감나무 높은 가지에 둥지를 트는 날개의
지난한 몸짓을 볼 수 있다
몸 여기저기에 고장 난 지문을 찍고
떠나간 얼굴
들꽃처럼 무성하게 자라
처음 모습 그대로 박혀있다
소리 죽여
간신히 십년 울음을 쏟아냈을 뿐인데
그리운 추억들
멀리 할수록 점점 가까이 다가선다
숲을 흔들며 반짝이는 새벽 반딧불처럼
오랜 밤을 기다리는 나팔꽃의
보랏빛 그 향기처럼

# 피어라 너는

새벽 꽃망울이 툭 터졌다
팽팽하게 긴장시키던 힘줄의 푸른 잎맥
장밋빛 입술에 물려
누군가를 사랑할 수밖에 없는 여인아
가슴속 몸살 같은 아픔으로 너는 피어라
소리 없이 핀 꽃이라고 빛조차 없겠느냐
목메어 흘리는 피를 꽃잎이라고
지나는 바람이 잘못 읽었을 뿐이다
잃는다는 것은 새로운 것을 얻는 것이다
고장난 창은 처음부터 삐걱거린다
마음 고스란히 내보이고 싶은 열망
햇살에 콕콕 찔려 봉긋한 몸짓 고르는
사랑의 이 감미로운 촉수
낡은 생각과 껍질 훌훌 벗어 내던지고
계절의 절정에서 맨 먼저 탈옥한 아내의
착하고 속 깨끗한 숨결처럼
피어라 너는

# 별

소리 없이 핀 크고 작은 생명들
빛은 지상에 어떤 이름으로 내릴 것인가

세상 높고 낮음이 무슨 상관이랴

살기 위해 추락을 두려워하는 별들은
밤하늘 어디에도 없다

보라 아낌없이 내던지는 저 장엄한 행렬을

# 단풍

계절의 절정에 올라 불타는 몸이다

목이 아프도록 피 토해내고
그 피를 얼굴에 바르다 혼절한 여인

목숨 바쳐 사랑하고
사랑하는 일에 열심히 순응하기 위해
스스로를 던져버린 생애다

마지막 뼈가 한줌 재로 타오를 때는
가슴에 불꽃 심지를 박는다

육신이 저리고 한동안 고통스럽지만
마음은 황홀하다

바라보는 눈자위가 욱신거린다

# 산수유나무

무너진 절집 안마당에 기침소리 요란하다
겨우내 신열에 시달리다 토해낸 열꽃들
마른가지마다 우르르 돋아 앙증스럽다
투욱 툭 터지는 소리는
겉 꽃 피우고 막 속 꽃을 터트리는 울음이다
순간 날갯짓을 떠는 벌떼들
수천수만의 노란 물결이 일렁인다
자세히 안을 들여다 보면
얼음이 얼어 그대로 햇빛 눈부시다
향내 퍼 올리는 잔뿌리는 바위틈새 구불구불
마치 고행하는 성자(聖者)의 머리칼 같다
밭길이나 냇가 마을입구에 아무렇게 서있지만
주인 없는 나무는 없다
노란가방을 맨 아이들이 고샅을 뛰쳐나오고
강아지는 때도 없이 꽃 그림자를 쫓는다
문득 잃어버린 봄날이 생각난다
마당가 수도꼭지를 틀어놓고
한동안 물소리를 듣고서야 잠이 드는 밤
가슴을 파고 도는 피가 고요할 리 없다
어느 누군들 봄날이 없었으리

상처투성이의 아픔을 맛보지 않은 자 있으리
담벼락 기대선 나무들이 목을 꺾고 있다
달려가 말을 걸면 눈물로 핀 꽃
그들도 산수유 노란 꽃잎이 된다